# पंकज एस चाइल्डहुड

पंकज मोदक

Draft2Digital's

# पंकज एस चाइल्डहुड

## लेखक के बारे में:-

मेरा नाम पंकज मोदक है। में एक लघु कहानीकार हुं। मेरा जन्म इंडिया देश के एक गांव चन्दाहा में हुआ। जो झारखंड राज्य में स्थित है। मेरे पिताजी शंकर मोदक और मेरी माताजी ललिता देवी है। मेरे दो बड़े

भाई और एक बड़ी बहन है।

संपर्क ई-मेल पता:-

pankajspersonal23@gmail.com

मेरे पिता के पहले दो छोटे बच्चों के बीमारी के कारण मृत्यु के बाद। मेरा षष्ठ पुत्र के रूप में जन्म हुआ। छोटे के समय। जब में आंगन बाड़ी में पढ़ाई करने जाता तो कई बार मेरे बड़े भाई और दोस्त लोग, छुट्टी होने से पहले भाग जाते और मैं वहां पर अकेला रह जाता। वर्ष 2011 में। सरकारी विद्यालय में, मेरा नामांकन कराया गया। जो

हमारे चन्दाहा गांव में स्थित था। एक वर्ष बाद। मैं दुसरीं कक्षा में चला गया। उस कक्षा में लगा हुआ दरवाजा फटा हुआ था। इसलिए मैं लंच टाइम के समय। अपने दोस्तों के साथ, उस फटे हुए दरवाजे से कक्षा के अंदर चला जाता और अपने पुस्तकों को बाहर निकाल कर भाग जाता। खेतों से होते हुए, हमलोग घर पहुंच

जाते। ऐसा करने के कारण। कई बार घर से डांट पड़ती तो कई बार विद्यालय में शिक्षक की मार। कई बार हमारे घर के पास मौजूद, घरों के बच्चों के साथ खेल खेल में कई बार झगड़ा हो जाता। कई बार में खाद्य पदार्थों को लेकर, पिताजी से मां को डांट खिला देता झूठ बोलकर। फिर भी मां माफ कर देती। जब कभी परिवार वालें या

शिक्षक मुझसे कहते- तुम बड़े होकर क्या बनोगे? मैं कहता:- साइंटिस्ट। शाम का समय था। गणेश मंदिर के पास एक ट्रेक्टर रखा रहता था। गांव के बच्चों के साथ हमलोग वहां पर, शाम के समय खेल खेलते। में, शाम के समय ट्रेक्टर के धारियों पर चढ़ा हुआ था। खेल खेल में, मेरा हाथ छूट गया और मैं ट्रेक्टर से नीचे

गिरा। कुछ मीनट तक। मैं बेसुध सा जमीन पर पड़ा रहा। उसके बाद। गांव का एक व्यक्ति मुझे कांध पर उठाकर, मेरे घर लाया। कुछ दिनों बाद में ठीक हो गया। वर्ष 2013 का समय था। उस वर्ष मेरी उम्र लगभग आठ वर्ष के आसपास थी। सुबह का समय था। में और मेरा मध्यम बड़ा भाई और हमारे गांव के एक-दो बच्चों के

साथ हमलोग सैग नामक बाँध पर नहाने के लिए चल पड़े। हमलोग बाँध पर पहुंचे। उस समय बांध खचाखच पानी से भरा हुआ था। कुछ महीने पहले जब बाँध सूख चुका था। गांव के एक व्यक्ति ने बाँध के बीचों-बीच कुआँ खुदवाया था। जो काफी गहरा था। उससे लोग पानी भरते थे। परंतु जब कुछ और महीने बाद वर्षा हुई बाँध पुरा

भर गया। कुआँ वही स्थित रह गया। हमलोग पानी में उतरे। उस समय मुझे तैरना, नहीं आता था। वे तेरने लगे। मैं पानी से खेलने लगा। वे किनारे पर जाकर अपने शरीर पर साबून मलने लगे। में पानी से खेलता रहा। मैं पानी की ओर आगे जाने लगा। में काफी गहराई में पहुंच गया। मेरा एक पैर जमीन पर टिकाएँ हुए था और दूसरा पर

कुआँ के ऊपर आ चुका था। मेरा सिर पानी के नीचे आ गया। में अपना हाथ ऊपर की ओर दिखा रहा था। लगभग दस या बारह सेकेंड बाद एक गांव की लड़की ने मेरे हाथ को देखा। जो मेरी बड़ी बहन जैसी थी। वह देरी ना करते हुए, जल्दी से तैरकर मेरे पास पहुँची और मुझे पकड़कर किनारे पर ले आई। उसके बाद वह मुझे

मेरे घर लाई। मेरे माता-पिता और घरवाले बाहर आये। मेरी जान बच चुकी थी। कुछ महीने बाद। एक बार, एक लंबी बुखार ने मुझे जकड़ लिया। कई डॉक्टर्स की दवाइयां खाई। परंतु बुखार ठीक होने का नाम नहीं ले रही। उसके बाद, पिताजी ने शहर के एक बड़े डॉक्टर के पास ले गए। वहां पर काफी भीड़ होती थी। इसलिए समय

काफी लगता था। इसलिए वहां पर लोगों के मनोरंजन के लिए एक बड़ी स्क्रीन वाली टी.वी. लगाई गई थी। जिस पर आवारा पागल दीवाना नामक एक कॉमेडी मूवी चल रही थी। हमारा नम्बर आया। पिताजी ने सारी बात बताई। डॉक्टर ने कुछ देर जांच किया और पर्ची पर कुछ लिख दिया। मुझे लगा, दवाई लिखी होगी। परंतु

बाद में पता चला। मुझे इंजेक्शन दिया जाना था। सुबह के समय इंजेक्शन के डर से, में घर से भाग जाता। फिर पिताजी पकड़कर लाते। इस तरह पांच दिन में, दस इंजेक्शन लगने के बाद, बुखार ठीक हो गया। वर्ष 2015 का समय था। गर्मी का मौसम चल रहा था। उस समय मेरी उम्र लगभग नो वर्ष के आसपास थी। कई बार पिताजी

के कहीं जाने पर, दूकान में, में या मेरा मध्यम बड़ा भाई रहा करते थे। सुबह का समय था। में और मेरा दोस्त, एक साथ पैदल सरकारी विद्यालय की ओर चल पड़े। उस समय मैं पाँचवी कक्षा में पढ़ता था। कुछ समय बाद हमलोग विद्यालय पहुँचे। प्रार्थना के बाद हमलोग बेंचों पर बैठे। कक्षा के शिक्षक आये। वे कक्षा में पढ़ाने लगे और हम पढ़ने

लगे। कुछ देर बाद सर को कुछ काम के चलते दूसरे कक्षा में जाना पड़ा। मैं और दोस्त बेंच पर बैठ-बैठे खेल-खेलने लगे। खेल-खेल में दोस्त का मुक्का मेरे नाक पर जा लगा। उस समय में झगड़ालू था। किसी से भी लड़ाई कर देता था। उस समय क्रोध मेरे सिर पर बैठा रहता था। मुक्का लगने पर मैने भी सोचा। में भी एक मुक्का उसके

नाक पर दुंगा। मैनें भी उसके नाक पर एक मुक्का जड़ दिया। उसके नाक पर पहले से ही धाव था। इसलिए नाक से खून बहलने लगा। कक्षा के सभी बच्चें हमें देख रहे थे। मैं बेहद डर गया। कुछ समझ में नहीं आ रहा था। क्या करू? अब क्या होगा? कई बच्चे सलाह देने लगे। इसे घर ले जाओ। उधर एक बच्चा शिक्षक को कक्षा में ले

आया। नाक से खून निरंतर निकलता जा रहा था। शिक्षक यह देखकर हैरान परेशान हो गये और एक डंडा लेकर मेरे पीठ पर मारने लगे। मैं रोते हुए कहे जा रहा था। सर, उसके नाक में पहल से ही धाव था। वहाँ की शिक्षिका भी खून देखकर हैरान हो गयी। खून से उसका सफेद शर्ट पुरा गीला हो चुका था। दोस्त कक्षा के प्रथम बेंच

पर लेटा हुआ था। मार समाप्त होने के बाद शिक्षक ने कहा- स्कूल से निकल जाओ। मैं अपनी कॉपी लेकर और विद्यालय द्वारा दिया गया किताब सब वही छोड़कर अपने घर की ओर चल पड़ा। उस समय बच्चे का मन था तो मैंने मन में कहा- मैं इस विद्यालय में और कभी नहीं जाऊँगा। मैं घर पहुंचा और टी.वी. देखना लगा। अब भी

मेरा मन डरा हुआ था। कुछ मीनट बाट उसके माता-पिता हमारे घर आये और मुझे डाँटने लगे। मेरा मन और उदास हो गया। कुछ दिनों बाद मेरे बड़ी बहन की शादी हुई। उस घटना के लगभग एक महीने बाद वह पूर्ण रूप से स्वस्थ हो गया। कुछ दिनों बाद में और दोस्त फिर से वहीं विद्यालय जाने लगे। इस घटना के बाद। में और

पढ़ाई में ध्यान लगाने लगा। वर्ष 2016 का समय। बड़े भाई के कहने पर, पिताजी ने एक 3जी स्मार्टफोन खरीद दिया। बड़े भाई के बाद हम दोनों भाई, वह स्मार्टफोन चलाते थे। कई बार में अपने मध्यम बड़े भाई से स्मार्टफोन छीन लेता और गेम खेलने लगता। वह देखता रह जाता। उसे काफी बुरा लगता।

परंतु कुछ न कहता। उस समय में उतना समझदार नहीं था। हाफ-पेन्ट और एक पुरानी सफेद सर्ट पहनकर, में विद्यालय जाया करता था। उस समय सिर्फ आदिवासी जातियों और लड़कियों को ही यूनिफॉर्म दिया जाता था। परीक्षा का दिन था। मैं विद्यालय से थोड़ी दूरी पर मौजूद एक दुकान के बाहर रूका हुआ

था। पीछे से एक बदमाश लड़का आकर, परीक्षा स्लेट पर कलम की स्याही देकर दौड़ने लगा। मैं भी उसके पीछे दौड़ने लगा। मेरा बड़ा भाई साईकिल से ट्यूशन जा रहा था। उसने उस लड़के को पकड़ लिया। उस लड़के ने माफी मांगी और वहां से चला गया। छ वीं कक्षा में ठंड के समय विद्यार्थियों को बाहर बिठाया गया था। पीछे बैठना

हुआ एक लड़का, मेरे सिर पर टफली मार रहा था। किसी काम के कारण, कुछ समय के लिए शिक्षक वहां से चले गए थे। काफी समय तक परेशान करने के कारण, मैं खड़ा हुआ और उस लड़के को धकेल दिया। दूसरे विद्यार्थी उस लड़के पर हंस रहे थे। दूसरे दिन, वह लड़का अपने छोटे भाई के साथ विद्यालय आया। वे

मुझे हाथ से मारते और भाग जाते। यह कई बार हुआ और में रोने लगा। उसके बाद, उन्होंने ऐसा करना छोड़ दिया। वर्ष 2017 का समय था। उस समय फिर से यूनिफॉर्म वितरण किया गया और सभी विद्यार्थियों को मिला। में फूल-पेन्ट लेना चाहता था, परंतु छोटा होने की वजह से मुझे हाफ-पेन्ट मिला। कुछ सप्ताह

बाद। स्टील कंपनी से आए दो लोगों ने दौड़ प्रतियोगिता और लेखन प्रतियोगिता आयोजित की। विद्यार्थी मेरा मजाक उड़ा रहे थे। क्योंकि उस समय में एक मोटा लड़का था। फिर भी मैंने दौड़ प्रतियोगिता और लेखन प्रतियोगिता में हिस्सा लिया। मैं और मेरा दोस्त, अधिकतर बार क्लास की लास्ट बैंच पर ही बैठते

थे। परंतु इस बार दूसरे विद्यार्थियों ने हमें आगे कर दिया। हमलोग महात्मा गांधी जी पर निबंध लिखने लगे। हम दोनों दस लाइन लिखकर, इस तरह बैठे थे मोनो पुरस्कार हमें ही मिलेगा। दौड़ प्रतियोगिता हुई। परंतु में शायद पांचवें नम्बर पर रह गया। परिणाम घोषित हुआ तो हमें पता चला। हम असफल हो चूकें है और हमें कुछ

नहीं मिलने वाला। उदास शक्ल लेकर, हम घर लौटे। कुछ महीने बाद। सातवीं कक्षा में पढ़ाई चल रही थी। प्राइवेट स्कूल का एक व्यक्ति, हमारे कक्षा में आया। जो बिजुलिया मोड़ के आसपास स्थित था। उसने कहा एक क्विज प्रतियोगिता होने वाली है और उसके बारे में जानकारी देने लगे। उसके बाद में कई रातों तक पढ़ाई

करने लगा। प्रतियोगिता का दिन आया। हमलोग बाइक में बैठकर प्रतियोगिता भवन जाने लगे। परंतु बाद में पता चला। प्रतियोगिता का दिन बदल दिया गया है और वह दूसरे सप्ताह होने वाला है। दूसरे सप्ताह प्रतियोगिता शुरू हुई और हमलोग वहां पहुंचे। में सोच समझकर प्रश्न के उत्तरों को भरने लगा। शाम के समय , हम घर लौट

आए। यह वर्ष का आखिरी महीना था। वर्ष 2018 का समय आ गया। मैं 8वीं कक्षा में आ गया। खाली समय में, में विज्ञान पुस्तक में मौजूद जीव विज्ञान के अध्यायों को पढ़ने लगा। जीव विज्ञान के अध्यायों को पढ़ने में रूची जागने लगी। ऐसा लगने लगा कि अगला जीव वैज्ञानिक में ही बनूंगा। कुछ सप्ताह बाद वह व्यक्ति आया और

प्रतियोगिता में विजेताओं के नाम पुकारने लगा। मैं आश लगाए हुए, क्लास की आखिरी बैंच पर बैठा हुआ था। उसने कहा पंकज मोदक दूसरा रैंक हासिल किया है। मेरे खुशी चेहरे पर साफ-साफ दिख रही थी। दुसरे विद्यार्थी तालियां बजा रहे थे। मुझे सिल्वर कलर का मेडल पहनाया गया और तस्वीर खींची गई। पहले एक ट्यूशन द्वारा

कबड्डी प्रतियोगिता आयोजित की गई थी। उसमें भी मुझे हार मिली थी। यह पहली बार था। जब मुझे कोई पुरस्कार मिला था। मैं खुश होता हुआ, अपने घर लौट आया। माता-पिता भी काफी खुश थे। उस समय मेरी उम्र लगभग बारह वर्ष के आसपास थी। कुछ दिन बाद। ठंड का मौसम था। एक दिन सुबह के समय मेरी नींद खुल गई। नींद

खुलने के बाद मैंने सोचा। थोड़ा मोबाईल चलाया जाए। वह मोबाईल मेरे बड़े भाई का था। जो 3जी नेटवर्क पर चलता था। ठंड का दिन होने के कारण बाहर का दृश्य रात जैसा ही था। मैंने मोबाईल उठाया और गद्दे को ओढ़कर, ऑनलाइन प्लेयर पर एक वेब सीरीज की एक अश्लील वीडियों को देखा। उसके बाद, उसी

प्रकार के वीडियोज खोजने लगा। कुछ दिनों बाद मैं वेब ब्राउज़र से अश्लील वीडियोज देखने लगा। अकेले या रात के समय में उन वीडियोज को देखता रहता। धीरे-धीरे मुझे उन वीडियोज की लत सी लग गई। में मानसिक रूपी बीमारी की ओर बढ़ रहा था। कुछ सप्ताह बीत गए। अब में उदास सा रहने लगा था। कुछ करने का मन

नहीं करता था। किसी लड़की, औरत या बूढ़ी को देखता तो मैं उसके बारे में अश्लील बातें सोचने लगता। जब में विद्यालय में प्रार्थना करता तो प्रार्थना समाप्त होने के बाद भी कुछ समय तक वहीं पर खड़ा रहता। फिर पिछे से मेरा दोस्त मुझे हिलाता तो में जैसे होश में आ जाता। कभी कबार में घर में गुमसुम सा बेठा रहता।

परिवारवालें सोचते यह लोगों के बुरी नजर से ग्रसित तो नहीं। इसलिए वह मुझे कई तांत्रिकों से झाड़-फूक कराते। परंतु कुछ असर नहीं। परिवार के लोग मुझसे पूछते क्या हुआ? क्या हो रहा है? परंतु में कुछ कह नहीं पाता। एक दिन बड़े भाई ने गुस्से में आकर मुझे डांट दिया तो में रोने लगा। एक दिन पिता जी मुझे बोकारो में स्थित

एक आस्पताल ले गये। जहां पर डॉक्टर सिर से जुड़ी बीमारियों का इलाज करते थे। शाम के समय डॉक्टर आने वाले थे। काफी देर तक हम बैठे रहे। हमलोग किराये की गाड़ी में आये हुए थे। दो ही गाड़ी हमारे गाँव जाती थी। एक गाड़ी जा चुकी थी। दूसरी गाड़ी जानी बाकि थी। कुछ समय बाद पिताजी को पता चला कि गाड़ी

जाने वाली है। गाड़ी छूटने के डर से हमलोग डॉक्टर को दिखायें बिना घर वापस चले आये। उस समय में मोटा था। इसलिए सबने सोचा। यह मोटापे का कारण हो सकता है। इसलिए अब पिताजी मुझे रोजाना सुबह के समय दौड़ लगाने ले जाने लगे। कुछ दिनों पहले मैंने अश्लील वीडियोज देखना छोड़ दिया था। में टी.वी. और मोबाईल

में अच्छी-अच्छी वीडियोज और मुवीज देखने लगा। सुबह के समय दौड़ने, ताजी हवा खाने और प्राकृति के बीच जाने लगा। पेड़-पौधें उगाने लगा। धीरे-धीरे में इस बीमारी से उभरने लगा। मानसिक रूपी बीमारी से उभरने में मुझे कई महीनें लग गए। इन घटनाओं के बाद। मुझमें कई परिवर्तन आए। मैंने लड़ाई-झगड़ा

करना कम कर दिया, मोबाइल छिन्ना छोड़ दिया, कुछ उदास और गुमसुम सा रहने लगा। वर्ष 2019 में। मैंने आठवीं बॉर्ड की परीक्षा दी। उसके बाद अपने दोस्तों के साथ, बोकारो शहर में स्थित सिटी पार्क (जहां सुंदर और बड़े पैमाने पर पेड़-पौधे और फूल लगे हुए थे। तालाब में सफेद कमल खिले हुए थे और वहां पर पुराना ब्रिज स्थित

था। वहां का सौंदर्य मनमोहन था।) और सिटी मॉल में घूमें-फिरें। आठवीं का परिणाम आया और मुझे पता चला कि मैंने बी-ग्रेड लाया। थोड़ी खुशी हुई तो थोड़ी उदासी। आठवीं कक्षा के शिक्षक और ट्यूशन शिक्षक को काफी आस थी कि में फर्स्ट करूंगा। परंतु उनकी आश, आश ही रह गई। उसके बाद। पिताजी ने

सियालजोरी गांव में स्थित प्राइवेट स्कूल में मेरा दाखिला करा दिया। उस विद्यालय में पढ़ाई करते-करते, मुझे एक छात्रा से लगाव हो गया और यह लगाव तक ही सीमित रहा। वर्ष 2020 में। तलगड़िया के एक प्राइवेट स्कूल में क्विज प्रतियोगिता शुरू की गई, एक पुस्तक कंपनी द्वारा। पिताजी के साथ दोपहर के समय, में वहां

पहुंचा। उसके बाद पिताजी वहां से चले गए। प्रतियोगिता पूरी होने के बाद, परिणाम घोषित हुआ। पता चला में असफल हो चुका था और टॉप-10 में जगह नहीं बना पाया। शाम होने वाली थी। मैंने अपना साईकिल लिया और उनके साथ जाने लगा। कुछ दूर जाने के बाद, वे लोग वहां पर रूक गए। मैं सबसे आगे था। वहां पर कोई बाइक से

गिर गया था। इसलिए वे वहां पर रूके हुए थे। मुझे लगा रात हो जाएगी। इसलिए मैं वहां से अकेला निकल गया। कुछ दूर पहुंचने के बाद, आगे दो रास्ते थे। मुझे याद नहीं था कि कौन सा रास्ता घर ले जाएगा। इसलिए मैंने अपनी साईकिल धीरे कर दी। तभी पीछे से एक लड़की गूजरी। वह हमारे गांव की थी। मुझे पता

चल गया कि कि कौन सा रास्ता सही है। मैं भी उस रास्ते पर चल पड़ा और अपने घर पहुंच गया। उसी वर्ष मैंने यूनिफॉर्म का ब्लेजर पेन्ट छोड़कर, दूसरा काला पेन्ट सिलवाया था। जो ढीला-ढाला था। आगे जाकर उसी पेन्ट की वजह से मुझे विद्यालय में अश्लील लड़के का टैग मिलने वाला था। जब मैं वह काला पेन्ट पहनकर

साईकिल पर या कक्षा की बैंच पर बैठता तो पेन्ट इस तरह फूला हुआ दिखता कि जैसे पेनिस उत्तेजित हो गया हो। सब छात्र-छात्राएं हंसने लगते। में परेशान रहने लगा था कि पेन्ट को कैसे ठीक किया जाएं। इसलिए अधिकतर बार में सफेद पेन्ट पहनकर ही ट्यूशन जाया करता। वर्ष 2021 के फरवरी महीने में स्टील कंपनी के द्वारा एक

क्विज प्रतियोगिता आयोजित किया जाने वाला था। चयन की प्रक्रिया शुरू हुई। जिसमें हर एक ट्यूशन बैच से चार विद्यार्थी चयनित हो रहे थे। मैंने सोच-विचार, सोच-समझकर और अच्छे से क्विज प्रतियोगिता टेस्ट दिया। जिसमें में चयनित हो गया। परंतु दौड़ प्रतियोगिता टेस्ट में असफल हो गया। परंतु खुशी थी कि क्विज

प्रतियोगिता में चयनित हो गया। मेरे दोस्त ने टेस्ट नहीं दिया था। इसलिए वह चयनित नहीं हुआ था। फरवरी का महीना था। मैंने उस रात क्विज प्रतियोगिता के लिए, देर रात तक वस्तुनिष्ठ प्रश्नों एवं उत्तरों को पढ़ता और लिखता रहा। मैंने लिख-लिखकर, कॉपी के बहुत सारे पन्ने भर दिए। सुबह ९ बजे के लगभग हमलोग विद्यालय पहुंचे।

वहां पर ट्यूशन शिक्षक उपस्थित थे। यहां पर चन्दाहा और सियालजोरी बैच के विद्यार्थी उपस्थित थे। जो उस विद्यालय में पढ़ते थे। करीब डेढ़ घंटे बाद कंपनी का बस वहां पर पहुंचा। हमलोग उस बस में बैठ गए और प्रतियोगिता भवन की ओर बढ़ने लगे। बस की खिड़कियों से बाहर का हरा-भरा दृश्य आनंददायक

लग रहा था। कुछ देर बाद। हमलोग वहां पहुंच गए। वहां की जमीन काफी साफ सुथरी और अच्छे मकान बने हुए थे। जांच पूरी होने के बाद, हमलोग अंदर गए। प्रतियोगिता भवन काफी बड़ा और आलीशान था। काफी अच्छे से साज-सजावट की गई थी। अलग-अलग बैच के विद्यार्थी बैठें हुए थे। हमलोगों के बैच में दो

छात्राएं और दो छात्र थे। छात्र और छात्राएं अलग-अलग लाईनों में बैठे हुए थे। में लास्ट में बैठा। मैं थोड़ा नर्वस था। प्रतियोगिता शुरू होने से पहले एक मोटिवेशनल स्पीकर ने सभी विद्यार्थियों को अपने विचारों से प्रेरित किया। प्रतियोगिता शुरू हुई। पहले राउंड में सवाल के साथ चार विकल्प बताए जाने लगे। सिर्फ 60 सैकेंड

के भीतर जवाब देना पड़ता था। सही जवाब पर 10 अंक मिलते और गलत जवाब पर 5 अंक कट जाते। पहले राउंड में हमारा स्कोर काफी कम रहा। परंतु इतना स्कोर हो गया था कि हम लास्ट राउंड खेल सकते थे। पहले राउंड में ही कई बैच बाहर हो गए। अंतिम राउंड में कुछ बैच चयनित हुई। लास्ट रैंक पर हमलोगों की चन्दाह टीम थी।

परंतु अंतिम राउंड में हमलोगों ने जगह बना ली थी। लंच टाइम शुरू हुआ। दोपहर का समय था। सभी विद्यार्थी बसों में बैठकर, कैंटीन की ओर गए। वहां पर खाएं-पीएं और वापस आ गए। कुछ समय बाद, अंतिम राउंड शुरू हुआ। परंतु अंतिम राउंड में, प्रोजेक्टर के द्वारा स्क्रीन पर चित्र दिखाएं और सवाल पूछे जा रहे थे। जिसे जवाब

आता, वह बजर अलार्म दबा देता और जवाब देता। सवाल-जवाब का सिलसिला शुरू हुआ। स्कोर घटते-बढ़ते रहे। तेतोलियां बैच रैंक-1 पर, चन्दाहा बैच रैंक-2 पर, एक्सेल-30 बैच रैंक-3 पर जगह बना पाई। परंतु जो सियालजोरी बैच पहले राउंड से ही अच्छा प्रदर्शन कर रही थी। वह 0 स्कोर के साथ अंतिम रैंक में चली गई।

हमलोगों के चेहरे पर खुशी का ठिकाना न था। चेहरों पर खुशी झलक रही थी। कुछ समय बाद, पुरस्कार वितरण किया गया और वेजेताओं की फोटोज खींची गई। उसके बाद विद्यार्थी, अपने-अपने बसों में बैठकर घर की ओर जाने लगे। शाम का समय था। हमलोगों की साईकिलें विद्यालय में रखी हुई थी। इसलिए बस से हमलोग पहले

विद्यालय पहुंचे और साईकिल से घर की ओर चल पड़े। कुछ सप्ताह बाद दसवीं की परीक्षा शुरू हुई। परंतु कोविड-19 वायरस की वजह से परीक्षा रद्द कर दी गई और विद्यार्थियों को नवीं बोर्ड रिजल्ट के आधार पर प्रमोट कर दिया। उस वर्ष हमलोग विद्यालय से निकल गए और ग्यारहवीं कक्षा में नामांकन कराएं। साथ ही उस

काले पेन्ट को भी हमेशा के लिए, अलविदा कह दिया। दसवीं से लेकर ग्यारहवीं कक्षा तक, गणित के इतने सारे प्रश्न हल किए थे और गणित के प्रति रूचि काफी बढ़ गई थी। ऐसा लग रहा था कि अगला मेथेमेटिशियन में ही बनूंगा। पिताजी ने मेरा नामांकन बांधडीह में स्थित एक कॉलेज में करा दिया। पुराने दोस्त ने आर्ट्स ले

लिया था। इसलिए एक नए दोस्त के साथ, साईकिल से लगभग चार किलोमीटर दूर ट्यूशन पढ़ने जाने लगे। परीक्षा भवन बड़े भाई के साथ या पिताजी के साथ जाया करता था। मेरा बड़ा भाई और आस-पड़ोस के लड़के कहते- अरे साइंस लिया है और सिर्फ गणित का ट्यूशन पढ़ रहा है। फैल हो जाएगा। परंतु में, अपने

आत्मविश्वास में था। प्रतिदिन ग्यारहवीं के सभी विषयों की पढ़ाई करने लगा। सिर्फ रविवार को छोड़कर। वर्ष 2022 का समय। ग्यारहवीं बोर्ड परीक्षा के परिणाम अच्छे आएं और मैंने 60 प्रतिशत से ज्यादा अंक के साथ फर्स्ट डिवीजन किया। मेरे ऊपर माता-पिता का भरोसा, पढ़ाई को लेकर मजबूत हो गया। उसके बाद,

में 12वीं कक्षा मे चला गया। परंतु गणित और बाकि विषयों के प्रति रूचि कम होने लगी। कहानियां पढ़ने और लिखने में रूची जागने लगी। हर सप्ताह कहानियां लिखने लगा। कहानियों की किताबें पढ़ने लगा। जैसे- मानसरोवर की किताबें। ट्यूशन भी कभी-कभार ही जाने लगा। काफी दिनों तक जिद करने के बाद, जून के महीने में

पिताजी ने 4जी स्मार्टफोन खरीद दिया। पहली बार खुद का स्मार्टफोन मिलने पर, में बहुत ज्यादा खुश था। अक्टूबर 2022 की सुबह। मुझे पता चलता है कि मेरी बड़ी बहन के पति ने आत्महत्या कर ली है। पूरा परिवार शोक में डूब गया। रोने-धोने की आवाजें सुनाई देने लगी। कुछ महीने बाद। वर्ष 2023 का समय। मेरी बड़ी बहन दो

छोटे बच्चों के साथ, मायके लौट आई। रूचि कम होने के कारण, मैं 12वीं के विषयों की पढ़ाई अच्छे से नहीं कर पाया। अंततः में 12वीं की बोर्ड परीक्षा में फैल हो गया। कुछ सप्ताह बाद। घर में मेरे बड़े भांजे के जिद करने पर मेरे पिताजी ने उसके लिए एक कबूतर का बच्चा खरीद दिया। मेरा भांजा खेलने और बदमाशी करने में मग्न रहता

था। जिसके कारण वह उस कबूतर पर ध्यान न देता था। भांजे की मां रोजाना उस कबूतर को खाना खिला और पानी पिला देती थी। कुछ दिन बीत गए। एक दिन उस कबूतर को देखकर मेंने सोचा क्यों न उसे उड़ाया जाए। अब हर दिन उस कबूतर को में एक बार उड़ानें लगा। परंतु उड़ानें पर वह उड़ते-उड़ते किसी दीवार से टकरा

जाती। इसलिए अब मेंने उसे घर से बाहर ले जाकर उड़ानें लगा। ऐसे ही दिन बीतते चले गए। उस कबूतर को एक प्रकार की बीमारी हो गई थी। जिसके कारण उसके आँखों से खून निकलने लगता था और उसके आँखों पर पीले रंग के धब्बें जम जाते थे। जिसके कारण वह कुछ देख नहीं पाता था। परिवार के लोग मुझे कहते उसे

मत उड़ाओं, उसे मत छुओ। परंतु में उनकी बातों को न मानता था। परंतु जब मैनें उसे देखकर यह पाया कि वह देख पाने में असमर्थ है तो मैंने उसे उड़ाना बंद कर दिया। परंतु में उसे दिन में एक बार घूमाने लगा। ठंड का मौसम था। घड़ी पर लगभग दस या ग्यारह बज रहे थे। कुछ समय तक मैनें उसे घुमाया और जमीन पर छायी हुई धूप में

रख दिया। उसके चेहरे पर एक मुस्कान थी। जिसे देखकर मुझे अच्छा लग रहा था। दूसरे दिन। सुबह का समय था। मैनें सुना कबूतर मर गया। मुझे विश्वास नहीं हुआ। इसलिए मैं जाँच करने और देखने वहाँ गया। मेंने देखा वह कबूतर जमीन पर बेजान सी पड़ी हुई थी। ठंड के कारण उसका पुरा शरीर अकड़ गया था। मैनें उसे

थोड़ा हिलाया-डुलाया। परंतु वह मृत्यु की गोद में सो चुका था। मैंने मन ही मन सोचा। काश! इस कबूतर के बच्चे को अपने माँ से अलग न किया होता तो आज वह अपनी माँ के साथ नीले आसमान में कहीं उड़ रही होती।

www.ingramcontent.com/pod-product-compliance
Lightning Source LLC
La Vergne TN
LVHW010502160826
845677LV00012B/2613

* 9 7 9 8 2 2 7 8 7 1 6 0 2 *